30 centimes

...MANACH CHANTANT

Pour
1900

RÉPERTOIRE DES GRANDS CONCERTS
et Cabarets de Montmartre

LIBRAIRIE PARISIENNE : **Arnaud & Cie** Éditeurs
Paris. — 10, Rue de Paradis, 10. Paris

Almanach

Chantant

Pour 1900

OU

RÉPERTOIRE DES GRANDS CONCERTS

ET CABARETS DE MONTMARTRE

PARIS

LIBRAIRIE PARISIENNE

ARNAUD & Cie, Editeurs

Paris. — 10, rue de Paradis, 10. — Paris

VIENS AU LIT, MA LÉA !

Air : *Mandoli-Mandola*

Paroles de
Victor LECA

Chanté par BRESSOL
de l'Eldorado.

I

Entends-tu le tonnerr' qui gronde ?
Par ce temps, on ne peut sortir.
Restons donc chez nous, ô ma blonde,
Les doux jeux de l'Amour sauront nous
[divertir.

II

Regarde donc comme ça tombe,
On croirait un délug', vraiment :
Bien mieux ici que sous la trombe,
Mignonne, en notre nid, prenons de l'a-
[grément.

III

Aux amants la pluie est propice,
Ell' les forc' d'rester sous leur toit :
Pour moi, sortir, c'est un supplice,
Car je voudrais rester toujours auprés de
[toi !

IV

Il est des bébés sur la terre
Qui vagissent dans leur berceau
Et qui, de l'aveu de leur mère,
Ne seraient jamais nés s'il n'était tombé
[d'l'eau !

V

Viens, ô Léa, ma chère amante,
Que je comtemple ta beauté.
Viens, que ta nudité charmante
Me grise de plaisir, de joie et d'volupté.

Refrain

Viens au lit. ma Léa,
Null' part on n'est mieux qu' là
Ma belle.
Entends-tu Cupidon
Qui nous appelle ?
Viens au lit, ma Léa,
Oh ! viens donc
Que je te caresse :
Ne te refuse pas à ma tendresse !

Viens au lit... ma Léa

LES YEUX DE CARMEN

Air : *Boudeuse*

Paroles de   Chanté par DONA
Victor LECA   de l'Eldorado

I

Carmen, une gente brunette,
Possède des appas nombreux :
Elle a, la mignonne coquette,
Un cœur sensible et généreux ;
Une démarche de déesse,
Un esprit fin, divers talents,
Un parler qui jamais ne blesse
Et fait espérer les galants.

II

Carmen a la jambe bien ronde.
Son petit pied tient dans sa main.
Ses bras sont les plus beaux du monde
Et ses lèvres un vrai carmin.
Sa bouche est un écrin tout rose
Renfermant des perles de prix ;
Quand je la vois, je suis morose,
Pourquoi ?.. Vous l'avez bien compris.

III

Carmen, ainsi qu'une fauvette,
Chante très agréablement
Et les autours de la divette
Sont d'un galbe vraiment charmant.
Pour tout le reste, hélas ! je cède
La parole au malicieux
Qui, plus heureux que moi possède
Ce bijou rare et précieux.

Refrain

Quelle est gracieuse, rieuse, belle !
Quel plaisir j'aurais à vivre près d'elle !
Quand je l'aperçois je rêve d'hymen
Et j'admire, en silence, les yeux   de Carmen

MARS
—Le Taureau—

1	Jeudi	s. Aubin.
2	Vendredi	s. Simplice
3	Samedi	ste Cunégon.
4	Dimanche	QUADRAGÉS.
5	Lundi	s. Adrien.
6	Mardi	ste Colette.
7	Mercredi	s. Thom. d'A.
8	Jeudi	s. Jean de D.
9	Vendredi	ste Françoise
10	Samedi	ste Mathilde.
11	Dimanche	REMINISCERE
12	Lundi	s. Grégoire.
13	Mardi	ste Euphrasie
14	Mercredi	47 martyrs.
15	Jeudi	s. Longin.
16	Vendredi	s. Abraham.
17	Samedi	ste Gertrude.
18	Dimanche	OCULI.
19	Lundi	s. Joseph.
20	Mardi	s. Joachim.
21	Mercredi	s. Benoit.
22	Jeudi	s. Emile.
23	Vendredi	s. Victorien.
24	Samedi	s. Second.
25	Dimanche	ANNONCIATION
26	Lundi	s. Ludger.
27	Mardi	s. Rupert.
28	Mercredi	s. Gontran.
29	Jeudi	s. Climaque.
30	Vendredi	s. Pasteur.
31	Samedi	ste Cornélie.

MARIEZ-VOUS !

Air : *Stances à Manon*

Paroles de
Victor LECA

Chanté par
DAMBREVILLE
de Ba-ta-clan

I

Puisque vous avez seize ans,
Que vos appas sont plaisants,
Que l'on vous trouve gentille ;
Puisque chacun, vous voyant,
Epris de vous sur le champ,
S'écrie : « oh ! la belle fille ! »

II

Il faut, à votre maman,
Avouer bien gentiment
Le tourment qui vous chagrine.
Un soir, dites-lui tout bas :
« Oh ! mère, je ne veux pas
Coiffer Sainte Catherine. »

III

Alors, bientôt, un garçon
Galant, un peu polisson,
Ayant à peu près votre âge
Saura prendre votre cœur
Et vous, avec le vainqueur,
Fixerez le mariage.

IV

Vous vous aimerez si bien,
Que des bébés, — oh ! combien !
Viendront grandir la famille.
C'est si beau, ces fruits d'amour,
Qu'on en voudrait chaque jour :
Faites-en que ça fourmille !

V

Que par vous votre mari
Soit toujours choyé, chéri,
Alors, vous serez contente,
Car l'homme devient coureur,
Il a sa femme en horreur
Quand elle est trop négligente.

VI

Croyez-moi, mariez-vous
Le temps, en ménage, est doux,
On a le cœur en liesse.
Pour plaire, il faut la beauté :
Gare ! tout charme est ôté
Si l'on attend la vieillesse !

AVRIL
— Le Taureau —

1	Dimanche	PASSION.
2	Lundi	s. Fr. de P.
3	Mercredi	s. Richard.
4	Merc'edi	s. Ambroise.
5	Jeudi	ste Emilie.
6	Vendredi	s. Célestin.
7	Samedi	s. Clotaire.
8	Dimanche	RAMEAUX.
9	Lundi	ste Valtrude.
10	Mardi	s. Macaire.
11	Mercredi	s. Léon.
12	Jeudi	s. Jules, p.
13	Vendredi	VENDREDI-S.
14	Samedi	s. Tiburce.
15	Dimanche	PAQUES.
16	Lundi	s. Lambert.
17	Mardi	s. Anicet.
18	Mercredi	s. Parfait.
19	Jeudi	s. Timon.
20	Vendredi	s. Marcellin.
21	Samedi	s. Anselme.
22	Dimanche	QUASIMODO.
23	Lundi	s. Georges.
24	Mardi	s. Fidèle.
25	Mercredi	s. Marc.
26	Jeudi	s. Clet, Mar.
27	Vendredi	s. Anthime.
28	Samedi	s. Vital
29	Dimanche	s. Robert.
30	Lundi	ste Catheri

JE T'AIME ENCORE !

Air : *Les Petits Pavés*

Paroles de   Chanté par TASSAERT
Victor LECA   de la Ville Japonaise

I

Je t'aime encore. femme ingrate,
Qui, si lâchement m'as quitté :
En voyant ton iniquité
Je te dis fourbe et scélérate.
Tu disais : « Je t'aime à mourir,
Un quart d'heure avant de t'enfuir.

II

Je t'aime encore et quand je pense
A tout le mal que tu m'as fait,
Jaloux, furieux, stupéfait,
Je rêve terrible vengeance :
Je voudrais te mettre en morceaux
Et donner aux chiens tes lambeaux.

III

Je t'aime encor... mais je regrette
D'avoir été si bon pour toi,
Et de t'avoir donné ma foi
Dont tu te moquais en cachette
Ah! tu m'as mis la rage au cœur,
Evite-moi, crains ma fureur.

IV	**V**

Je t'aime encore méchante louve,
Mais je souffre tant que je veux
Te pendre par tes beaux cheveux
Et te tuer si je te trouve.
Je te ferai manger le cœur
De mon rival, de ton vainqueur !

Je t'aime encor et la colère
Seule, me fait parler ainsi !
Deviendrais-je méchant aussi ?
Non, ne crains rien de moi, ma chère :
De ton abandon je mourrai,
Oui, mais toujours je t'aimerai.

VI

Je t'aime encor et te pardonne,
Oublions cela, c'est fini,
Viens, je t'attends dans notre nid,
Oh! reviens vite, ma mignonne,
Si tu ne rentres pas ce soir
Je succombe à mon désespoir.

MAI
— Les Gémeaux —

1	Mardi	s. Phil. et J.
2	Mercredi	s. Athanase.
3	Jeudi	I. Ste Croix.
4	Vendredi	s. Monique.
5	Samedi	Co. Augustin.
6	Dimanche	Jean P. Lat.
7	Lundi	s. Sranislas.
8	Mardi	s. Désiré.
9	Mercrodi	s. Grégoire.
10	Jeudi	s. Antonin.
11	Vendredi	s. Mamert.
12	Samedi	ste Flavie
13	Dimanche	s. Gervais.
14	Lundi	s. Boniface.
15	Mardi	s. Isidore.
16	Mercrrdi	s. Honoré.
17	Jeudi	s. Pascal.
18	Vendredi	s. Venant.
19	Samedi	s. Yves.
20	Dimanche	s. Bernardin.
21	Lundi	Rogations.
22	Mardi	ste Julie.
23	Mercredi	s. Didier.
24	Jeudi	ASCENSION
25	Vendredi	s. Urbain.
26	Samedi	s. Phllippe.
27	D manche	s. Hildebert.
28	Lundi	s. Germain.
29	Mardi	s. Maximin.
30	Mercredi	s. Ferdinand.
31	Jeudi	ste Pétronille

A UNE BELLE

Air : *Petits Chagrins*

Paroles de   Chanté par
Victor LECA   DALBERT
          à la Pépinière

———

I

Vous fûtes dotée en naissant
D'un caractére si plaisant
   O toute belle,
Que j'en éprouve auprés de vous
Un plaisir ineffable et doux
   Qui m'ensorcelle.

II

Mignonne, oh! que j'aime vos yeux
Aux cils si longs et si soyeux
   Et dont la flamme
A vite pénétré mon cœur
En parfumant, — comme une fleur,
   Toute mon âme.

III

Vraiment, en vous, tout est mignard,
On vous aime au premier regard
   D'amour extrême,
Fasciné par votre beauté
Au ciel je me crois transporté,
   Tant je vous aime.

IV

Ange, si vous m'aimiez aussi
Je n'aurais, — n'ayant de souci,
   Jamais de rides,
Tous mes instants seraient très doux
Car je me croirais avec vous,
   Aux Hespérides

V

Quand je prends mon ton le plus doux
Pour vous demander : M'aimez-vous,
   Ne soyez blème
Et franchement, et sans émoi,
Pour mon bonheur répondez-moi ;
   « Oui, je vous aime! »

LA JAMBE A TITINE

Air : *Petits Chagrins*

Paroles de   Chanté par
Victor LECA   BOSSET
            de Parisiana

I

Titine est un bébé charmant
Que tout le monde aime vraiment :
    Son œil qui flambe
Est grand, expressif et très noir,
Mais en elle l'on aime voir
    Surtout sa jambe.

II

Ah! qu'il est gentil, son chignon,
Que son petit nez est mignon,
    Mais par le Monde
Certes, l'on ne trouverait pas
Fille pouvant mettre en ses bas
    Jambe plus ronde.

III

Sa bouche est petite et dedans
On voit trente-deux belle dents ;
    Sa taille est fine ;
On ne peut nier tout cela
Mais l'on admire surtout la
    Jambe à Titine.

IV

Elle a des airs très folichons
Et mignonnets sont ses nichons ;
    Elle est pu... digne,
On voudrait du matin au soir
Caresser, heureux de la voir,
    Sa jambe unique.

V

Ses mains et ses pieds sont petits
Bref, tous ses appas sont gentils,
    Belle sirène !
Je voudrais embrasser tout ça
Et je voudrais mordre dans sa
    Jambe de reine.

VI

Que j'aimerais, en tapinois,
Plein d'ardeur, baiser son minois !
    Elle est divine !
Mon vœu le plus cher le voilà :
C'est de comtempler souvent la
    Jambe à Titine !

La jambe à Titine

JUILLET
— *Le Lion* ==

1	Dimanche	ste Eléonore.
2	Lundi	VISITATION.
3	Mardi	s. Anatole.
4	Mercredi	ste Berthe.
5	Jeudi	ste Zoé.
6	Vendredi	ste Lucie.
7	Samedi	ste Allyre.
8	Dimanche	ste Elisabeth.
9	Lundi	ste Pulchérie.
10	Mardi	ste Félicité.
11	Mercredi	T. Benoit.
12	Jeudi	s. Gualbert.
13	Vendredi	s. Eugène.
14	Samedi	FÊTE NAT.
15	Dimanche	s. Henri.
16	Lundi	N. D. M. C.
17	Mardi	s. Alexis.
18	Mercredi	ste Camille.
19	Jeudi	s. Vinc. de P.
20	Vendredi	ste Marguer.
21	Samedi	s. Victor.
22	Dimanche	ste Madeleine
23	Lundi	s. Apollinaire
24	Mardi	Jours canic.
25	Mercredi	s. Jacques.
26	Jeudi	s. Anne.
27	Vendredi	ste Nathalie.
28	Samedi	s. Nazaire.
29	Dimanche	ste Marthe.
30	Lundi	s. Abdon.
31	Mardi	st. Ignace L.

SON PORTRAIT

Air : *Petits Pavés*

Paroles de   Chanté par SALVATOR

Victor LECA   de la Cigale

—————

I

J'aimais une femme charmante.
Une brunette au grand œil bleu
Et j'étais constamment, parbleu !
Obéissant à mon amante :
Par un artiste très discret,
Je lui fis faire son portrait.

II

La mignonne en fut si contente
Qu'elle en voulut petits et grands,
Pour en donner à ses parents
Sa mère, sa sœur et sa tante.
Chez elle on voyait, toujours prêt,
Pour être donné, son portrait.

III

« Tu ne me feras » — disait-elle.
« Jamais un cadeau plus plaisant »,
Moi qui l'adorais, complaisant,
Je donnais bijoux et dentelle.
Je vis que rien ne lui plairait,
Elle préférait son portrait.

IV

Or, je me croyais aimé d'elle ;
Hélas ! mon beau ciel fut terni,
La belle quitta notre nid
Car elle me fut infidèle.
Mais jusqu'au jour où je mourrai,
Je conserverai son portrait.

LA MONTMARTROISE

Sur l'air de la *Paimpolaise*

I

La p'tit' bobon', toujours aimante,
La cocotte, aux d'ssous énivrants ;
L'ouvrier' gai', vive et pimpante,
La femme du monde, aux r'gards troublants,
    Ne vaudront jamais
    Malgré leurs attraits,

Refrain.

La jolie et foll' Montmartroise,
Au teint rose, au sourir' fleuri ;
Blonde ou brune, comm' la cervoise,
Elle est charmante et sans souci.

II

Elle n'est pas trop exigeante,
Ne d'mand' ni hôtel, ni bijoux ;
Une armoire à glac'. la contente,
Avec un' montre, à mettre au clou ;
    Sans nul e ambition.
    Ell' s' fich' du pognon,
Ref. : La jolie et folle Montmartroise, etc.

III

Pourtant elle est fille coquette,
Mais sachant éblouir d'un rien ;
Elle est l'amie guillerette
Du pâl' poète et du rapin ;
    Sans fidélité,
    Ell' vit de gaieté :
Ref. : La jolie et foll' Montmartroise, etc.

IV

Elle a le dédain chose exquise,
Des vêt'ments à rich's falbalas ;
Car ell' n'est jamais si bien mise
Qu'aux moments où ell' n'en a pas ;
    Elle a des nénés
    Qui tienn'nt sans corsets,
Ref. : La jolie et foll' Montmartroise etc.,

V

Il n'est chef-d'œuvre de peinture
Qui n'révèle un peu d'ses appas,
Ni délicat' littérature
Qui ne rppelle un de ses cas,
    La mus' d'aujourd'hui
    Est sans contredit :
Ref. : La jolie et foll' Montmartroise, etc.

VI

En tout, c'est un' personn' très ronde ;
N'aimant d' l'amour que l'rigolo :
Ell' ne d'mande qu'un' chose au monde,
C'est qu'on n'soit pas bête comme un veau ;
    Jamais un bourgeois
    N'a conquis je crois,
Ref. : La jolie et foll' Montmartrois3, etc.

RENÉ DE LA HOUPÉTTE.

LE FROMAGE MARCHE

Air : *Le Temps marche*

———

1

Certain's gens aim'nt les écrevisses,
La langouste et l'pâté truffé,
Le boudin. la chair à saucisse,
Ou le gibier bien faisandé.
D'autres en pinc'nt pour la gib'lotte.
Ou l'aile d un p ulet dodu ;
Moi, j'vous avou' que ce qui m' botte,
C'est l' fromage, il n'y a rien au-d'ssus.

Refrain

Le fromage marche, marche vite ;
Camembert. Bondon ou Romatour,
Gaîment, sans qu'on les invite,
Dans l'assiett' font un p' tit tour ;
Si l'Cantal, un peu plus lourd, hésite.
Très r'muant, par contre est le Roquefort ;
L' sang du Midi qui l'excite ;
L' fait bondir par-dessus bord.

II

Pour conquérir un' petit' femme
L' mieux est d' l'inviter à souper ;
Emu jusques au fond de l'âme,
Vous la r'gardez boire et manger.
Soupirant après le fromage
Où l'on échang'ra des bécos,
Vous pensez le cœur tout en nage :
« Ne va-t-il pas venir bientôt ?.. »

(Au refrain)

III

On admir' bi n, dans la sculpture,
Les tors's, les jambes et les bras ;
Mais l'on néglig', pour la figure,
Nos pauv' extrémités d'en bas.
Les pieds pourtant, aux jours d'famine,
Nous rappell'nt ce dessert si bon,
Qui marq'ra la fin d' la débine,
Et le retour d'un peu d'pognon.

(Au refrain)

IV

Violette, Iris et Maréchale.
Héliotrope et poudre de riz,
Tout c' que la parfum'rie exhale
Sont des produits dont je me ris.
Sueur et marchandis' Lesage,
Voilà d' la natur' les oœurs ;
Et respect a cell' du fromage.
Messieurs, c'est cell' des travailleurs !...

(Au refrain)

Bon Poilu de Mystièh.

MON P'TIT GUIGNOLET

Sur l'air : *T'auras d'la Guitare*

———

I

J'connais un brave et joyeux marchand d'vin
Toujours av'nant avec ses chers clients,
    Les chers clients.
Il verse à l'œil maint' tourné, c'est certain ;
Mais pour les dam's il est toujours galant.
Faut l voir leur glisser en douceur,
Tout en leur f'sant la bouche en cœur :

Refrain

Si t'es pas méchante et qu'tu veuill's bien
        [m'aimer,
T'auras d' mon guigui. d'mon p'tit guignolet ;
Si t'es pas méchant, je m'en vais t'régaler
Avec mon guigui guigui, mon p'tit guignolet.

II

S'étant marié comm' tout l' mond', un beau
       [jour,
Avec un innocent et doux tendron,
    Doux tendron,
Quand il voulut lui prouver son amour,
La belle eut peur de son gros sans façon,
  Mais, bien vite, il la rassura,
  En lui disant : « Cri' pas mon rat. »
       (*Refrain*)

III

Ce Lov'lace est des maris la terreur :
Il les a tous faits cocus dans l' quartier
    Cus dans l'quartier :
Car il possède un si grand fond d'liqueur
Qu'à leurs épous's il l'offre sans compter,
  En leur disant : « Prends mon trésor,
  Qunnd y en a plus, y en a encor ! »
       (*Refrain*)

IV

Quand par hasard sa bonrgeoise en courroux
Lui crie : « Arrête! A force ne gaspiller,
    De gaspiller
Tant de si bonn' marchandise hors d'chez nous
Malheur à moi, il n'va plus m'en rester !
  Mais il répond pour la calmer .
  « Tais-toi. mon cœur, j' vas t'en donner »
       (*Refrain*)

V

Si vous voulez *faire* une femme, aujourd'hui
C'est très facil', vous n'avez qu'à tâcher
    Vez qu'à tâcher
Qu'ell' vous invit' sur le coup de minuit,
A v'nir la voir dans sa chambre à coucher.
  Là, vous fourrant dans son dodo.
  Vous murmurez comme mon bistro :
       (*Refrain*)

PRESSENTIMENT

Parodie de : *Tout simplement.*

I

Un soir, ayant du vague à l'âme,
Et je n' sais quel pressentiment,
Je m'en fus voir jouer le drame.
Théâtr' Montmartr', tout simplement.
Au cours de la pièce terrible,
— Sans savoir pourquoi ni comment, —
Soudain mon cœur devint sensible,
(*Parlé*: Pour un' boulott') tout simplement.

II

Je la suivis hors du théâtre
— Toujours sous le mêm' pressentiment,—
Mu par le désir opiniâtre
De la r'conduir', tout simplement.
Mais arrivé devant sa d'meure.
— Sans savoir pourquoi ni comment, —
Ell' m'dit: «Attends-moi-z-un quart d'heure,
(*Parlé*: Je te f'rai sign'») - tout simplement.

III

Je restai là vingt bonn's minutes,
— Toujours sous l' mêm' pressentiment ;—
A ma plac', certain'ment vous eûtes
Dit mill'' fois : « zut ! » tout simplement.
Mais moi, pensant qu' c'était un' grue,
— Sans savoir pourquoi ni comment... —
Et, « las d' l'attendre dans la rue, »
(*Parlé* : Je m' dis : « Montons) — tout sim-
[plement.

IV

En entrant, je trouvai chez elle,
— Sans savoir pourquoi ni comment, —
Un homm', vêtu d'un' bagatelle ;
Une casquett', tout simplement ;
Lequel, sautant par-d'ssus la table,
— Ce n' fus plus un pressentiment —
Me roua d' coups, le misérable !
(*Parlé* : J' fus épaté) — tout simplement

V

Quand je m' retrouvai dans la rue,
— Sans savoir pourquoi ni comment, —
Ma galette était disparue,
Avec ma montr', tout simplement.
Alors, pour' m' consoler d' ma peine,
— Maudissant mon pressentiment, —
Je m' dis : « Pauv vieux ; jour de déveine
(*Parlé* : Va te coucher) — tout simplement

HENRI BACHMANN.

DÉCEMBRE
— *Les Poissons* —

1	Samedi	s. Eloi.
2	Dimanche	AVENT.
3	Lundi	s. François
4	Mardi	ste Barbe.
5	Mercredi	s. Sabas.
6	Jeudi	s. Nicolas.
7	Vendredi	s. Ambroise.
8	Samedi	IMM.-CONC.
9	Dimanche	ste Léocadie.
10	Lundi	ste Eulalie.
11	Mardi	s. Daniel.
12	Mercredi	s. Cerentin.
13	Jeudi	ste Luce.
14	Vendredi	s. Nicaise.
15	Samedi	s. Mesmin.
16	Dimanche	ste Adélaide.
17	Lundi	s Lazare.
18	Mardi	s. Gatien.
19	Mercredi	ste Zite.
20	Jeudi	s. Philogone
21	Vendredi	s. Thomas.
22	Samedi	s. Honorat.]
23	Dimanche	ste Victoire.
24	Lundi	ste Delphine.
25	Mardi	NOEL.
26	Mercredi	s. Etienne.
27	Jeudi	s. Jean.
28	Véndredi	ss. Innocents.
29	Samedi	s. David.
30	Dimanche	s. Sabin.
31	Lundi	s. Sylvestre.

ÉTRENNES CONFISQUÉES

A Madame I. Roger,
artiste dramatique.

Quand revient la nuit des étrennés
Mes blonds bébés sous leurs rideaux
Songent aux gentilles marraines
Dont les mains sèment des cadeaux

Pour moi ; je pense à certain oncle
Patriarche un peu rigolo ;
Son nez illustre d'un furoncle
Eut inspiré Jacques Callot.

Chaque jour de l'an, le bonhomme
Arrivait pimpant et paré,
Portant un long sucre de pomme
Roulé dans un papier doré.

L'oncle parti, je voulais mordre
Au sucre du fruit défendu ;
Ma mère, une personne d'ordre,
Me le prit, j'en fus confondu.

Puis mettant le présent sous verre
— Pour éviter les accidents, —
Elle ajouta d'un ton sévère :
Le sucre fait tomber les dents.

Et moi, devant cette réplique,
Je restai planté comme un pieu,
Plus penaud que le catholique
Qui, du moins, peut manger son Dieu.

L'été, le soleil sur le globe
Dardait sa plus chaude lueur,
Et le bonbon crevant sa robe
Fondait en gouttes de sueur.

Enfin, l'âge mit une digue
A mes appétis superflus.
A désirer on se fatigue,
Un beau jour, je n'y pensai plus.

Mes parents morts, pour héritage,
J'eus — cela ne pouvait manquer —
Le sucre de pomme en partage :
Mais... plus de dents pour le croquer.

Orateurs de certain calibre,
Qui, dans vos discours tapageurs,
Nous montrez un horizon libre,
Alors que nous serons majeurs.

Vous ressemblez à s'y méprendre
A mes parents, en vérité.
Mais un jour nous saurons bien prendre.
Pour étrennes : La Liberté.

ED. LEGENTIL.

BONNE MARCHEUSE

Paroles et Musique de Henri BACHMANN

II

Le long d'un' pent' raid' comme un pic
Où j'm'escrimais d'la bell' manière,
Cyprien, dans un pas comique,
Pour m'aider, m'poussait par derrière.
Mon corset m'serrant, je l'délace,
Quand on vous press' quelqu'part déjà,
Faut par ailleurs d'l'air et d'la place.
Pour respirer, moi j'aime bien ça,
Pour respirer, oui, j'aim' bien ça.

III

Quand j'eus r'tiré l'objet gênant,
Sitôt je me pâmais à mon aise,
Et nous r'primes la marche en avant,
—J'avais les jou's ros's comme une fraise
—Arrêt, lui dis-je, mes jambes sont lasses,
La bête qu'j'i dans l'cou, ô e moi la.
Vivement faut que tu m'en débarrasses
Avec tes doigts, oh, qu'j'aime donc ça,
Avec tes doigts, oui, j'aime bien ça.

IV

Bientôt, n'pouvant plus avancer,
Sous un arbre, allongés d'fatigue,
Des histoires il s'mit à m'conter,
Car pour la langu' c'est un vrai zigue
Mais, m'voyant baiss'er mes mirettes,
«Je t'amus'pas ? Qu'il me d'manda ?
En m'faisant mille petit's risettes,
—Au contraire, lui dis-je, j'aime bien ça,
Va, continu, car j'aime bien ça.

V

Puis, nous nous remìmes à marcher...
Cette fois à l'ombre d'une tonnelle,
Il fallut encore s'arrêter,
Pour entendre une histoire nouvelle,
« N'm'en veuillez pas, m'dit-il, mignonne
D'vous avoir amemé jusque-là ?...
—Non, gros vilain, je vous pardonne,
Un' bonne marcheus' ne craint pas ça,
Un' bonne marcheus' ne craint pas ça.

VOTRE PETIT TOUTOU

Paroles et Musique de Henri BACHMANN

II

Je l'aime, et pourtant le déteste,
Car, ne lui voulant aucun mal,
Si d'approcher je fais le geste,
Il s'effarouche, l'animal ...
De nous revoir c'est inutile,
S'il veut s'effrayer à tout coup ;
Rendez-le d'accueil plus facile...
Madam', votre petit toutou,
Votre joli petit toutou.

III

Séduit par votre tête blonde
Et vos mille perfections,
Hier vous me vites dans un monde
De tendres méditations,
Vous voulez savoir quelle chose
Me faisant donc rêver debout...
Je songeais qu'il a le nez rose,
Madam', votre petit toutou,
Votre joli petit toutou,

IV

Puis, m'ayant vu blêmir à table,
Assis près de vous, amoureux,
Vous me demandiez, charitable,
Pourquoi j'étais souffrant, nerveux.
Ce qui me mettait mal à l'aise,
Remuant, inquiet, comme fou...
C'était là, si près de ma chaise,
Madam', votre petit toutou,
Votre joli petit toutou.

V

Chacun poursuit dans l'existence,
A sa façon, divers bonheurs.
Les uns, c'est la fortune immense,
D'autres, la gloire, les honneurs.
Pour moi qu'hélas, plus rien n'enchante,
Sinon ce merveilleux bijou,
Permettez moi, vous, si charmante,
D'caresser vot' petit toutou,
Votre joli petit toutou.

CHANSON DE PRINTEMPS

Paroles de Edmond TEULET

Musique de C. DUBOIS

II

Le printemps, confident intime,
Témoin discret des amoureux,
Ne demande pas un centime
A ceux là qu'il peut rendre heureux.
Riches, qui jalousez sans cesse
Les honneurs bien haut proclamés,
Imitez un peu sa largesse
Et, certes, vous serez aimés... *(Au ref.)*

III

Eloigne la mélancolie
Que je devine en tes regards,
Et pour moi fais-toi bien jolie,
Réponds à mes tendres égards ;
Tu sais que je t'aime, coquette :
Ce défaut-là te sied si bien ;
Allons, souris à ton poète
Et glisse ton bras sous le sien... *(Au ref.)*

LE VIEUX GUEUX

Créé par BOUSSAGNOL, à la Cigale

aroles de Paul Erio   Musique de A. STANISLAS

II

—Donnez au vieux qui vous demande
Pour sa chanson un peu de pain.
Il ne réclame pas de viande,
Il est si vieux qu'il n'a plus faim.
Et sur le pas de votre porte,
Bonnes gens, d'une voix très forte
Ah! tra dé ri dé ra lon la
Il chantera ce qu'on voudra.

III

Pourtant je me trouve très riche,
J'ai la nature, le grand air,
Et si la fermière est trop chiche
Je lui recommence un autre air;
Le vieux a si bonne figure
Qu'elle lui donne, quoique dure.
! tra dé ri dé ra lon la
chanterai pour qui voudra.

IV

Le bon temps, c'est pour les vendanges,
Lorsqu'on songe à faire le vin,
Que de fruits sont pleines les granges,
Je me soûle de leur raisin.
Puis quand trop pleine ma panse crève,
Je tombe et me dis en mon rêve :
Ah! tra dé ri dé ra lon la
J'ai déjà chanté cet air-là.

V

Mais quand viendra ma dernière heure,
Le faîte de ces peupliers
Je veux pour dernière demeure.
Alors les corbeaux par millie s
Viendront sans souci de ma crasse
Déchirer ma vieille carcasse,
Ah! tra dé ri dé ra lon la
Ma chanson s'arrêtera là.

COMMENT JE PLAIS
AUX FEMMES

Paroles de Victor LECA

Chanté par CARMAN,
de la Scala

Air : *Les Véloceman's fin de Cycle*

COMMENT JE PLAIS AUX FEMMES

I

J'plais aux femm's, la chose est certaine
Personn' ne peut le contester,
J'suis l'amant d'au moins une trentaine
Qui pourraient venir l'attester,
J'leur plais par ma parole douce,
Mon grand chic, l'éclat de mes yeux,
Par ma bell'moustache qui pousse
Et j'fais des conquêt's en tous lieux.

II

J'suis l'homm' le plus gai de la terre,
Je suis un joyeux boute-entrain,
Chacune admir' mon caractère,
Je n'leur caus'jamais de chagrin.
Je n'suis pas comm' ces hommes bêtes
Qui sont en colère constamment,
Avec moi, la vi's'passe en fêtes.
L'existence est un agrément.

III

J'plais aux femm's qui vienn'nt dans ma
[couche
Car ell's n'ont jamais à m'blâmer,
J'sais d'un seul baiser sur la bouche
Les fair' plusieurs fois se pâmer.
D'un seul regard, j'les ensorcelie.
Ell's en éprouv'nt un doux émoi
Et j'suis encor à chercher celle
Qui ne sera pas foll' de moi.

IV

Ah ! vous riez, vous, petit'chatte,
Et vous pensez probablement
Qu'en disant cela je me flatte
Mais que j'suis un banal amant,
Eh bien, donnez moi votre adresse,
J'irai vous r'trouver en sortant
Et vous verrez si ma caresse,
N'vous f'ra pas dire : « C'est épatant ! »

Refrain

J'suis un amant
Vraiment charmant:
Comme un joli bébé
Par les femm's j'suis gobé !

FEMME LÉGÈRE

Air : *Peine légère*

Paroles de Victor LECA

Chanté par SALVATOR
de la Cigale

FEMME LÉGÈRE

I

Te souviens-tu des lointains jours
Quand, pour parler de nos amours,
Nous allions ensemble, ma belle,
Bien loin, bien loin, au fond d'un bois,
Mêlant nos deux voix à la voix
Des rossignols en ribambelle.

II

Te souviens-tu des temps passés
Quand nous n'étions jamais lassés
De nous faire mille caresse ?
Quand, nos deux cœurs s'étant grisés
De mots doux et de gros baisers,
Nous goûtions de douces ivresses ?

III

Te souviens-tu de ce bosquet
Sous lequel ton jupon coquet
Fut vaincu dans une bataille ?
Et qu'après de nombreux combats
Tu disais : « Je t'aime » tout bas,
Pendant que je serrais ta taille ?

IV

Tu ne te souviens plus de rien
Mignonne, et tu ne sais combien
J'ai souffert de ta longue absence.
Tu m'as quitté... n'en parlons plus,
Nos regrets ser ient superflus :
Je te pardonne ton offense.

V

Mais, n'est-ce pas, tu le promets.
Pour moi, tu ne seras jamais
Une insupportable mégère ?
Ah ! si tu me quittais encor,
En partant. donne-moi la mort,
J'ai tant souffert. femme légère !

VI

Puisque te voilà près de moi
Mignonne, chasse ton émoi :
Tous deux, ayons le cœur en fête.
Je suis heureux de ton retour,
Puisque tu me rends ton amour
Et, du bonheur, j'atteins le faîte.

La femme se fane

Paroles de Victor LECA

Chanté par CARMAN, de la Scala

Air : *Amours profanes*

I

A vingt ans la femme est charmante.
Chacun admi e ses appas
Et la désire pour amante
Jurant d'l'aimer jusqu'au trépas.
Partout, les hommes lui font fê'e,
Lui prodiguant les compliments ;
La r'luq ant des pied à la tête,
Voila c'que dis'ent tous ses amants :
    Quels airs folichons !
    Quels gentils nichons !
    Quell' voix argentine !
    Ah ! les jolis yeux !
    On n'peut trouver mieux
    Que sa taille fine !
    Quell' bouche ! Et, dedans,
    Quell's superbes dents !
    Quelle chevelure !
    Quel chic élégant !
    Quel bagout fringuant !
    Que l' nature !

II

Mais dès qu'elle a la quarantaine,
Surtout quand elle aim' se farder,
Tous ceux qui cour'ent la prétentaine
Ne daignent plus la regarder.
Ell' n'inspir' plus la galanterie
Et, la voyant, l'on dit tout haut :
« C'est un vieux ch'val, sans vanterie
On en a vite un bien plus beau !
    Ah ! quel vieux tableau !
    Qu'elle est dur' sa peau !
    Ah ! quel vilain masque !
    R'egardez donc ces yeux
    Petits et chassieux !
    Et ce téton flasque !
    Ah ! c'que ses mollets
    Sont maigres et laids !
    Ell' n'est pas diaphane !
    Et, l'air dégouté,
    On dit : « La beauté,
    Ça se fane ! »

III

Moi. — j'vais vous faire un' confidence,
Mais gardez pour vous ce secret
Il faut agir avec prudence,
Au sujet d'femme être discret.
J'aime les jeunes et es vieilles
Les minc's, les gross's, et caetera.
Ou n'me tir'ra pas les oreilles
Quand l'une ou l'autre me dira :
    « Ta binett' me plait,
    Le bonheur complet
    Ce s'rait ta caresse !
    Ah ! viens donc me voir
    Mon cher, dès ce soir,
    Qu'en m s bras j'te presse ! »
    Cell' qui m'parle ainsi,
    Toujours réussit ;
    J'n'ai pas l'àm' cruelle ;
    O Femm' mon trésor,
    Moi, je t'aime encor,
    Même vieille !

Doux Souvenir

Parolee de Victor LECA

Chanté par Renée Fleury.
de la Gaité-Montparnasse

Air : *Charme d'Amour*

I

Quand je vous connus jeune fille,
Epris de vous éperdûment
Je rêvais d'être votre amant,
Tant vous étiez douce et gentille
Quand je vous connus jeune fille.

II

Vous aviez donné, confiante,
Votre cœur à .. je tais ce nom
Qui jouit d'un triste renom ;
Souvenance stupéfiante !
Vous étiez bien trop confiante.

III

Je frémis encor quand je pense
A ce que vous avez souffert,
Ah ! vous avez connu l'Enfer ɨ
De dire tout je me dispense,
Frémissant encor quand j'y pense.

IV

Vos tourments me firent maudire
Celui qui les occasionnait...
Votre beauté m'émotionnait,
Vous aimant, j'osai vous le dire,
Risquant de me faire maudire.

V

Mais vous fûtes vraiment charmante
Et ne me repoussâtes pas .
Moi, fier de vos jolis appas,
Je vous adorais, chère amante,
Qui, pour moi, fûtes si charmante.

VI

Hélas ! au cours d'un long voyage,
Mon cœur, toujours, restant épris,y
De votre absence je souffris ;
Que n'étiez-vous en mon bagage
Mignonne, au cours de mon voyage !

VII

Je vous revois toujours jolie.
Mais gaie et triste tour à tour.
Déploreriez-vous le retour.
De qui vous aime à la folie?
Soyez bonne autant que jolie!

VIII

Belle, croyez que je vous aime
Comme jadis, sincèrement,
Et que si j'étais... votre amant
J'atteindrais le bonheur suprême.
Ah ! dites-moi : « Mon cher, je t'aime! »

TROU-TROU

Air : Frou-Frou

Paroles de Victor LECA.   Chanté par Gilbert, de l'Européen

I

Le trou, c'est ce nouveau sujet
Que je traite en cett' chansonnette
Qui, je l'espèr', fera l'objet
De votre attention discrète
Des trous, il en est de gentils,
Certains sont noirs et d'autres roses
C'est comme dans mille au'res choses,
Il en est de grands et de p'tits.

II

Quelle joie on éprouve, enfant,
Dans une foire, au jeu de boule !
Si l'on met dans l'trou, triomphant,
Comme on regard' fièr'ment la foule !
De plaisir on fait les yeux ronds
Si quelqu'un nous fait une caresse
Et, comme prix, pour notre adresse.
On nous donn' douze macarons·

III

On grandit et l'on a vingt ans,
C'est alors que certains trous roses
Nous rendent souvent très contents
Mais aussi que'ques fois moroses.
Ah ! ces trous-trous, gentils combien !
Ils nous font plaisir dans la vie :
Tous les hommes en ont envie,
N'en disons jamais que du bien.

IV

Puis, un jour, voilà qu'on est vieux
L'existenc' devient une charge ;
On geint, on se plaint en tous lieux
Et chaque trou devient plus large.
Il en est un qu'on fait si grand,
Qu'il y rentre une personne entière,
C'est le trou qui dans un cim'tière,
Nous r'çoit quand la camard' nous prend.

REFRAIN

Trou-Trou
Quelle chose troublante!
Trou-Trou
Notre voix est tremblante
Quand nous disons ce seul-mot là : Trou-
[Trou!

CHANSON DES TERRITORIAUX

Air : *Le Clairon*

Paroles de Victor LECA

Chanté par Galaor, du Concert Parisien

I

L'excès, en tout, e t nuis ble,
Or, il sera plus paisible
De n'être pas trop chauvin.
Mais lorsque la France appelle
Ses vieux soldats auprès d'elle,
Que ce ne soit pas en vain.

II

Eh quoi! Ce n'est pas un leurre,
En quittant notre demeure
Pour aller sous le Drapeau,
En paix, que pouvons-nous craindre?
Rien ! il faut donc, sans nous plaindre
Marcher doux, — comme un troupeau.

III

Treize jours à la caserne,
D'astiquage de giberne,
De marche et tout le fourbi
Ce n'est pas la Mer à boire,
Ce n'est pas terrible à croire
Que l'on est à Biribi !

IV

Quand même on ferait la guerre,
Bah ! nous ne la craignons guère,
Nous ne sommes pas des bleus.
Nos forces s'étant accrues,
Comme les jeunes recrues
Nous serions crânes aux feux.

V

Contre l'Amour, sans défense
Nos femmes, en notre absence,
Nous font peut-être cornards !
Sans qu'on nous tire l'oreille
Nous .. leur rendons la pareille,
Ah ! rions-en, goguenards!

VI

Puisqu'il n'est de résistances
Bonnes en ces circonstances,
Burons, rions tour à tour.
Ce qu'on perd, on le retrouve
Et l'ennui que l'on éprouve
Rendra plus doux le retour.

VII

Morb'eu ! treize jours, ça passe,
Pour si peu l'on ne trépasse,
En tous cas c'est bien fini :
Nous voici, de par notre âge,
Mis hors rang, c'est pas dommage.
Et l'obstacle est aplani.

VIII

Dans le brave (*n° de circonstance*).
Nous avons l'honneur extrême
Camarades, de servir.
Oh ! non sans quelque souffrance
Mais tant pis c'est pour la France,
C'est tout de même un plaisir.

LE PREMIER COUP

Air : *La Valse des Chopinés*

Paroles de Victor LECA   Chanté par Moullet, de la Scala

I

Depuis six mois, je suis pip'let
.C'est une profession rupine,
Et mon bonheur est au complet
Car plus rien ne me turlupine.
Mais malgré ma chic position
Je ne la fais pas à la pose,
Lo-sque je tire le cordon
Je crois bien tirer autre chose.

II

Pour les locataires rupins
Jamais, jamais je ne m'empresse,
Je préfère avoir pour copains
Tous ceux qui sont dans la détresse.
Ainsi, je connais, tout en haut,
Une très gentillette brune,
Pour cette fille sans défaut,
Je tir'rais plutôt deux fois qu'une.

III

Chaque métier a son ennui,
Et c'est très souvent qu'il arrive
Que je suis forcé dans la nuit
De me tenir sur le qui-vive.
Lorsque par hasard je m'endors
Je suis bien forcé de le dire,
C'est ma femme, qui, sans efforts,
Sur notre cordon tire, tire.

IV

On dit partout que les portiers
Sont bavards, ça, c'est une injure,
Quant à moi, de tous les quartiers
Je suis le plus discret, je l'jure.
Dans toutes mes attributions
Ma langue ne joue aucun rôle,
Je fais fi des indiscrétions,
Je tir' le cordon, c'est plus drôle.

REFRAIN

Quand on tire le premier coup
Ah ! quel effet cocasse.
Mais ça n'me fait plus rien du tout,
Je l'jure, foi de Boniface !

V'LA LES CAMBRIOLEURS !

Air : *La marche des cambrioleurs*

Paroles de Victor LEGA   Chanté par THÉOL, de la Fourmi.

I

Quand on est volé.
On est affolé,
Vite, on dépose une plainte.
L'commissair', poli,
En vous plaignant dit :
« Retournez chez vous sans crainte,
   J'ai de bons fileurs,
   Pour sûr vos voleurs
Bientôt, verseront des pleurs,
   Car ils seront pris,
   Il faut, ventre-gris!
   Qu'on nettoy' Paris
   De ces mal-appris
Et vous r'trouv'rez c'qu'ils vous ont pris ».

II

Lorsque vient l'été,
Paris est quitté :
Au désir d'partir on cède
Et, qui que l'on soit,
On laisse chez soi
Presque tout ce qu'on possède.
   Afin d'voir la mer,
   Si l'on a du flair.
Dans un « petit trou pas cher »
   On s'installe un mois
   Et, là, les émois
Sont plus doux, vraiment,
Qu'celui qu'en rev'nant
On éprouve en trouvant... néant !

III

Quand ils ont tout pris,
S'ils se trouv'nt surpris
Ils flanqu'nt le butin par terre :
A bras raccourcis.
A trois, quatre, ou six,
Ils nous attrap'nt par derrière,
Nous mett'nt des baillons :
Prenn'nt nos picaillons,
C'est en vain qu'nous bataillons :
   S'ils ont tous les torts,
   Ils sont les plus forts:
   Nous, à moitié morts.
   Disons nos malheurs
Et crions en vain . Aux voleurs !

REFRAIN

Et la police, alors,
Vous tendant la perche
    perche
En faisant des efforts
Dans mille endroits cherche
    cherche
Mais ell' ne trouve pas
Un seul de tous ces gas
Qui n'sémeuv'nt pas,
Prenn'nt leurs ébats
Avec leurs môm's aux grands yeux,
S'bécottant à qui mieux-mieux :
Amoureux, gouailleurs,
V'la les Cambrioleurs :

Cosaques de fantaisie crêpé contenant
1 bonnet. 1 80
Cosaques de fantaisie gélatiné contenant 1 bonnet. 1 80
Cosaques de fantaisie gélatiné riche,
contenant 1 bonnet. 2 40
Petits fours granit's couleurs, contenant 1 bonne', la douzaine. . . 1 80
Petits fours granités amandes, contenant 1 bonnet, la douzaine . . . 1 80
Petits fours glacés couleurs, conte-
nant 1 bonnet, la douzaine . . . 2 40
Petits fours Briochés, contenant un
bonnet, la douzaine. 1 80
Biscuits champagne, contenant un
bonnet, la douzaine. 2 40
Sucrés de pomme, contenant un
bonnet, la douzaine. 1 80
Cigares contenant un bonnet, la
douzaine. 1 50
Mirlitons dorés et grelots, contenant
un bonnet, la douzaine 1 80
Robes contenant un bonnet, la douz. 1 80
Pains de sucre contenant 1 bonnet,
la douzaine. 1 80
Grand assortiment de têtes d'animaux
formant des coiffures grotesques en papier
de couleurs, 20 modèles différents, la
douzaine . . . . 1 »
Mendiants à surprises, noix, noisettes
o amandes contenant des anis, le2 100 gr.
1 fr. 50 ; les 500, 7 fr.; le kilo, 13 fr.
Glace merveilleuse. — Vous montrez
cette glace comme étant surprenante. La
personne étant étonnée de ne voir que sa
tête dans la glace, vous lui reprenez de
suite la glace en ayant soin del'approcher
de votre bouche et la bués en fera res-
sortir une tête de cochon, de chameau, de
singe ou une tête d'âne. Chaque glace ne
possédant qu'un sujet, nous recomman-
dons à nos clients de nous désigner les
sujets qu'ils désirent recevoir.
Franco, fr. » 50
Glace double à deux sujets, la même
que ci-dessus ; nous désigner les sujets
que l'on désire. Franco . . . . . 1 »
L'apparition des sujets ci-dessus se re-
nouvelle indéfiniment, à la condition de
ne pas mouiller la glac .
Boules parfumées. — Contenant un li-
quide d'une odeur des plus suaves ; leur
parfum pénétrant annihile l'effet des sui-
vantes. La boîte de 12 . . . . . 0 75

Boules puantes. — Contenant un li-
quide d'une odeur des plus repoussantes
qui se répand dans l'atmosphère lorsqu'on
les brise furtivement sur le parquet. Les
assistants se bouchent le nez et se regar-
dent d'un œil accusateur; finalement tout
le monde se sauve, la boîte de 12. 0 75
Bonbons pétomanes. — Pour faire pé-
ter... Ayant fait prendre un ou deux de
ces bonbons excellents et inoffensifs à une
personne quelconque, vous assistez bientôt à une séance musicale, souterraine,
que la personne ne peut retenir. C'est un
bombarbardement effrayant et désopilant,
la boîte, 20 expériences. , . . . 1 »
Morceau de sucre magique. — D'une
imitation parfaite, ne fondant pas et pouvant servir indéfiniment, le morceau 0 20
Nouvelle boîte d'allumettes magiques.
— Parfaitement imitée, en ouvrant d'un
côté, on découvre des pièces de 20 francs,
de l'autre on voit apparaître une petite
souris qui grimpe sur la boîte et qui rentre dans son trou dès que l'on referme la
boîte, la boîte 0 50
La belle Parisienne. — Lançant de l'eau
par ses seins. Sur le haut de la tête se
trouve une ouverture par laquelle on met
de l'eau. On met ensuite la teigne en ca-
outchouc sur l'ouverture et par la pres-
sion de laquelle tétine on obtient le jet de
l'eau par les seins. Franco. . . . 1 »
Herbes magiques. — En plaçant ce cu-
rieux produit sur une table et en y mettant le feu, il se produit, à l'étonnement
général, de merveilleux bouquets de fou-
gère. Spec'acle intéressant. L'enveloppe,
plusieurs expériences. 0 75
Peigne crasseux. — Peigne fin, exacte-
ment imité, y compris les cheveux et les
insectes. Si on le place à table, par exem-
ple, à côté du paiu dans l'assiette de quelqu'un, on juge de la répugnance qu'il
soulève. Franco. 0 15
Tabatière-surpriss. — Quand on veut
y prendre une prise, il en sort un affreux
petit pantin. La surprise est d'autant plus
grande que le tabac est apparent sur le
sommet de la tabatière . . . . . 1 »
Epingle de cravate de Vénus. — Belle
épingle représentant une fleur, rose ou
violette, dans laquelle on voit une femme
nue intime dans diverses positions. Grande nouveauté. 1 25

PARIS. — IMP. A. MALVERGE, RUE SAINT-DENIS

Dernières Nouveautés

Lucien Beylieuse. — Contes roses et rosses, vol. ill. 128 p.	0 fr. 30.
Ni-Luje. — La nouvelle et véritable clef des songes.	0 fr. 30.
H.-M. Audran. — La cuisinière populaire	0 fr. 30.
M. d'Arbaud. — Le guide des nouveaux mariés	0 fr. 30.
— Hygiène pratique du mariage.	0 fr. 30.
Walter Scott. — Richard Cœur de Lion	0 fr. 30.
Chamisso. — L'homme qui a perdu son ombre	0 fr. 30.
Ni-Luje. — Le code du joueur, règles complètes.	0 fr. 30.
Les grosses farces du major, tome 1	0 fr. 30.
— — 2	0 fr. 30.
— — 3	0 fr. 30.
— — 4	0 fr. 30.
— — 5	0 fr. 30.
Loi complète sur les accidents du travail, 32 pages, barème minimum, nouveaux décrets et modifications	0 fr. 30.
Même loi en placard pour ateliers, usines, etc.	0 fr. 30.
Lucien Beylieuse. — La vérité sur M. Emile Loubet, 32 pages.	0 fr. 30.
Portrait grand format de M. Emile Loubet	0 fr. 50.
A. Juin. — Propriétaires, locataires, concierges, leurs droits, leurs devoirs et leurs responsabilités, 32 pages	0 fr. 30.
L'art de se tirer les cartes soi-même, 48 pages.	0 fr. 30.
Tableau officiel des monnaies à recevoir, plac. en 3 coul. seul offic.	0 fr. 20.
Naïs Vivette, roman par René Dubreuil.	2 fr. 00.
Cœur Immolé, roman, par L. Latourette	2 fr. 50.
Fille ou Femme, roman par Antonin Reschal.	3 fr. 50.
Une Inassouvie, roman, par Antonin Reschal.	3 fr. 50.
Le Triomphe de la Vérité. — Emile Zola, brochure 16 p.	0 fr. 30.
Terrible révélation sur le désarmement, par Gaffory.	0 fr. 30.
Derviches et fakirs, leurs mœurs, etc., par E.-L. Juin.	0 fr. 30.

CATALOGUE COMPLET SUR DEMANDE